Les carnets du poète

Collection « Les carnets du poète ».

Une création

Jean-Pierre Garaic

France

Autres titres

- Les carnets du poète illustrés

- Les carnets du poète « Cœur et Raison »

- Apprendre de l'amour c''est quoi pour vous ?

- La dépression c'est quoi Papa ?

Venez découvrir et écouter

« Garaic in Live »

Sur le site de L'Ecrivain du sud

Lecrivaindusud.com

Les carnets du poète

Donne-moi la main

Jean-Pierre GARAIC

Jean-Pierre Garaic

Photo de couverture libre de droits.

Maquette, mise en page, textes, titres :

Garaic Editions

Maître façonnier

83100 Toulon, France

Imprimerie Lulu Press, Inc.

3101, Hillsborough Street, Raleigh, NC 27607

United States

Dépôt Légal BNF Juin 2017

DLE-20170703-39773

IEAN : 9791090647251

ISBN : 979-10-90647-25-1

Les carnets du poète

Donne-moi la main

Jean-Pierre GARAIC

A propos de l'auteur

Auteur, écrivain et poète, c'est un homme qui aime parler de la vie,

des expériences vécues, bonnes ou moins bonnes.

Le style poétique qui le caractérise est authentique, sincère et vrai.

Un auteur contemporain du 21è siècle qui dévoile dans son œuvre

son engagement moral, ses valeurs, ses idéaux, ses illusions,

ses défaites et ses victoires.

Sommaire

Je respire

Mon « Je » travaille en continu

Toujours avec efforts

A méditer mes poésies, mes métaphores

D'un secret lieu, d'une intime vie,

Pour ne pas que « je » oublie

Que je dois savoir m'aimer.

En langage d'ailleurs on dit :

$E=mc2$ (+A+ T) me semble-t-il,

Et je grandis encore de cette étoffe cardinale

Pour ne jamais m'arrêter d'apprécier me dire :

« La vie est magie et son énergie magistrale »

Tant à la fin plus j'inspire

Et mieux la lumière zénithale

Je respire.

(A= Amour, T= Temps)

Les mots ont du génie

Les mots ont du génie

Vents des sources îles

Qui, en simples ruisseaux

Courant dans les prairies,

Deviennent fleuves magistraux

Courants subtils.

Les mots ont du génie

S'ils ne sont pas hostiles

Chantés en poésie

Seront-ils plus fertiles ?

Entre cordes et vocales

Nous sommes tous utiles.

Les mots ont du génie

Décrypteurs de pensées aux mille langages

Et toi, où es-tu née ?

Moi, dans les parages,

Et je parle français.

Les mots ont du génie

Ils écrivent Beauté

Ils combattent folies

En braille ou en sanscrit

On les touche d'un sens

Qui en voix, s'unifient.

Le premier ingrédient

Je n'ai plus peur que l'on me voit

Je n'ai plus peur que l'on me vole

Mes secrets, et mon intimité parfois.

Une confiance, en moi, j'ai installé,

Pour me sentir en sécurité

C'est une clé essentielle

Sur la voie de la liberté.

Puis j'ai tout regardé,

J'ai tout vu, j'ai tout vécu

En l'instant présent qui se présentait.

J'ai posé quelques pierres

Quelques bois secs, quelques galets,

Matières brutes de lumière

Nécessaires à mon marché.

La bonne cuisine je sais la faire

Quand de bons ingrédients sont à ma portée.

Une mangue, une salade, une pomme de terre,

En voilà déjà trois que l'on peut mélanger.

Le volumineux léger et le concentré consistant

Doivent pouvoir s'assembler.

Quelques épices, petits grains de poussières,

Pour relever la saveur et le piquant.

Voici le début d'un combiné détonant.

Chacun le sien,

À préparer patiemment,

Avec Amour,

Le premier ingrédient.

Piliers de la Création

Je dois apprendre le moment où je me sente fort

Pour sublimer le parcours qu'il me reste

Incessants mouvements cherchant le réconfort

Entre soudains arrêts et multiples vitesses.

Un quantique équilibre comme simple ressort

Spirale elliptique qui jamais ne se tord

Voyageant d'un point critique à un point de détresse

Au centre d'un univers aux harmonieux décors.

Reprendre de l'énergie et de l'enthousiasme

Projeter de l'optimisme et surtout du courage

Seront-ils suffisants à ramener le vainqueur,

Celui qui fut autrefois, juste avant le naufrage,

Un chevalier et un prince doté d'un grand cœur

Œuvrant pour un royaume de bien et de partage ?

Je voudrais à nouveau tout pouvoir recommencer.

Sentir en moi que mes rêves restent accessibles,

Ils sont simples pourtant et de bonne foi

Ils sont amour et travail à la fois

Deux piliers infiniment extensibles.

Ma définitude

C'est envahi d'un sentiment de révolte que ce matin
je me suis réveillé, et d'un pas sûr et désinvolte je
pars à nouveau sur les routes me chercher, me
trouver.

Poser de nouvelles pierres et les cimenter,

saluant au passage tous ces cimetières argentés,

me laisser balancer, me laisser porter,

me laisser secouer de tes rythmes effrénés,

car je sais maintenant là où je veux aller.

Me couvrir car il fait froid, coiffer ma crinière une nouvelle fois, et partir au galop sans regarder derrière.

Tu ne pourras retenir mes rennes, car je n'en ai pas. Qui donc réussira à dompter par la force mon caractère qui n'appartient qu'à des étendues sauvages et vierges de tous ces inintelligibles langages codés, pris pour lois ?

Sous mes sabots la poussière s'envole et le vent qui la porte, la rend plus folle.

Derrière moi tu ne verras qu'un nuage,

une brume de rage comme un céleste orage, défiant tous les siècles, défiant tous les âges, plus qu'une Illusion humaine, mais un réel mirage, qui te rendra tes joies, qui t'apprendra tes peines, et quand tu feras naufrage elles resteront ton emblème.

Alors suis moi !

Ou ne me suis pas !

Dis-toi que tu as toujours le choix, de regarder vers toi et de marcher devant, de savoir qui tu es si tu en as la foi.

Je te le dis mon amie, je te l'écris aussi, la vie n'est que survie si tu t'égares ici.

Et la mort ne sera plus qu'un sursis, quand tu auras tout perdu sans l'avoir compris.

Le destin en chacun de nous existe, il suffit auparavant d'en faire une ébauche simpliste et, continuant au fil des jours tes douces esquisses, tu verras apparaître de merveilleux tableaux, de fabuleux dessins.

Car le vent en son sein porte tout ton souffle,

Humain

Terrestre

et

Divin ;

Car tu vis

Tu Aimes

Et tu souffres...

A chaque nuit passée un nouveau lendemain,

à chaque sommet vaincu le reflet d'un possible

gouffre.

Alors ne t'étonne de rien et soit curieux de tout, car

ce que l'on te montre et ce que tu vois,

ce que tu entends et ceux que tu écoutes, de tous ces

mondes qui gravitent autour de toi, il te faudra en

extraire le véritable lien.

Ensuite il te faudra agir, te remettre sans attendre à

courir.

Et ne rien oublier, non, rien oublier, car même si tu

le voulais et cela sans te mentir, tu ne pourras plus

en arrière, revenir.

Ce que tu laisses derrière toi c'est déjà du passé,

passé, dépassé...

Et trouver enfin ce lien universel qui nous lie,

celui qui nous rassemble, et celui qui nous crée,

poussant à l'infini les limites de nos pensées,

car c'est une définitude que l'on veut nous nous

imposer.

Ne cherchez pas ce mot dans le dictionnaire,

Vous ne le trouveriez pas, c'est moi qui l'ai inventé.

Sa définition est de vouloir tout définir et ainsi mettre en place des limites à tout et à tous, pour tout et pour tous.

Que ceux qui ont la science infuse, n'hésitent surtout pas à la commercialiser en petit sachets, je la ferai elle aussi volontiers dissoudre dans ma tasse de thé.

Aussi, à toi mon égal, à toi ma semblable, êtres vivants, locataires sur cette terre, vous et moi, ensemble vers l'uni, sur ces quelques paroles, sur ces quelques vers, faisons tourner la terre, en suivant sa lévogyre lumière, dans un cri de joie, un chant de paix, un lien d'amour, au-delà des frontières.

Des artistes et leurs œuvres

Des artistes et leurs œuvres

Ont rempli mes yeux

De beauté et de cœur

De la vie de partout

Sentiments d'avant-guerre

Et douceur malgré tout.

Des traits de pinceaux

Comme âme guerrière

Pacifiques tableaux

Expressions et mystères

Post mortem est vainqueur

D'une souffrance première

Reconnaissance tardive

D'une sensibilité plénière.

De Van Gogh à Watteau

De Michel Ange à Picasso

De Du Bellay à Baudelaire

Des humains géniaux,

Ont partagé leurs sincères

Et symboliques joyaux.

Ils ont dû en eux extraire

Le subtil de leur vie

Leur essence première

Et transcendance aussi

Pour un avenir humanitaire

Sans en être les héros

Et changer certains critères

Bien souvent injustes et faux.

Leur Amour est intérieur

Envahie de beaux cristaux

Des diamants sans être pierres

Des piliers fondamentaux

Des consciences qui éclairent

Le sensible renouveau.

Accroche-toi et libère-toi

Quand la vie te balance de gauche à droite

Quand pour toi le dimanche n'est qu'une

rue étroite

Quand le soleil te touche d'une lumière moite

Accroche-toi.

Quand tous les arbres frissonnent et que

toi-même tu es froid

Quand les eaux de vie t'empoisonnent d'un linceul

et d'un glas

Quand ton corps se positionne avec

la tête en bas

Accroche-toi.

Quand l'avenir que tu espères de ton esprit

s'en ira,

Quand l'amour que tu portes de ton cœur

s'éteindra,

Quand la vie toute entière, sans volume et sans

poids, te pèsera

Accroche-toi.

Quand tes bottes sont lourdes et que tu te demandes

pourquoi

Quand ton jean et ta gourde sont vides de toi

Quand tes bras tatoués ne sont ni gauches

ni adroits

Accroche-toi.

Quand tes désirs sont meurtris par des élans chauds

et froids

Quand tes souvenirs sont trahis

sans comprendre pourquoi

Quand tout ton être souffre parce qu'il n'est plus là

Accroche-toi.

Quand tous ces maux t'envahissent en une

seule fois

Quand tes mots glissés sur papier sont beaucoup

trop las

Quand plus rien ne te retient à cette vie

d'en bas

Accroche-toi.

Quand de la fenêtre tout ce que tu vois n'est plus

pour toi

Quand tinte la sonnette et que ce n'est pas

pour toi

Quand le courrier s'égare comme tu l'étais autrefois

Accroche-toi.

Quand vient le soir et que tu manges seul, un plat

Quand le sommeil n'est plus qu'un souhait puisque

perdu tu l'as

Quand la nuit longue se moque aussi de toi

Accroche-toi.

Quand le réveil sonne et que l'on ne t'attend pas

Quand de ta voix tu pardonnes et que l'on ne

t'entend pas

Quand ta peau se sillonne et que tu ne veux pas

Accroche-toi.

Quand s'approche le passage et que tu le vois

Quand un ultime adieu s'approche et lentement te

broie

Quand ta peur culmine au point le plus bas

Accroche-toi.

Quand tu auras vaincu aussi les paradoxes de tout

cela

Quand tu auras retrouvé le sens et la véritable foi

Quand reviendra enfin la force

celle qui vit au fond de toi

Libère-toi.

Poésie salvatrice

Extirper de mon corps ses gliales douleurs

Jour après jour les mêmes refrains m'effleurent

Le temps s'allonge et devient sourd d'immenses

peurs

Solitudes sans courbes transpercent mon cœur.

Bien serrer les dents et se serrer les coudes

Compriment l'instant, l'Etant peine à absoudre

Les particules de l'Aimant sont plus lourdes

Je me plie sous le poids jusqu'à me dissoudre.

Et pourtant je ne cherche que le bonheur

Être en harmonie et avoir de la chaleur

Quelle est donc cette vie, quelle est donc sa saveur ?

C'est pour moi et pour vous que je l'écris

Laisser une trace humaine que je chérie

Car elle est moi, elle est mienne, cette portion de vie.

Reste tien.

Quand le ciel est bleu dans ta tête

Ton esprit est clair.

Quand le soleil est dans ton cœur

Ses battements sont de l'or.

Quand dans le souffle de l'air

Ton souffle s'étreint,

C'est que de l'amour tu respires.

Veille toujours à cet équilibre

Si c'est encore le tien

Et pour toujours

Reste tien.

Zénithude

Quand c'est plus fort que vous

Soit vous êtes amoureux

Soit vous avez un problème.

Pour les malchanceux

Ce sont peut-être les deux.

Implorez alors votre Zénitude

Recevez ainsi votre Zénithude.

Philosophie,

Amie de la sagesse

Il y a l'éveil

et,

Il y a le pré-éveil.

Le premier permet de voir

Le second permet de prévoir.

Le second peut être en premier.

Sur l'Amour

L'Amour est délicat à définir

L'Amour n'est qu'éclat dans le défini

L'Amour est relation avec plaisir

L'Amour est création indéfinie.

L'Amour, partout il peut courir

L'Amour, parfois aussi s'enfuit

L'Amour, futur en devenir

L'Amour, c'est passé, présent et avenir.

L'Amour, sans lui, à quoi bon le dire

L'Amour, avec lui, tout peut être dit

L'Amour, avant lui, on ne pouvait l'écrire

L'Amour, avec lui, tout peut être décrit.

Unique

J'ai peur de ne pas être à la hauteur

Malgré tout mon désir et toute mon ardeur.

J'ai peur car tu es belle et unique

Sensuellement rebelle

Et je ne voudrais pas être pris de panique

De te savoir dans mon cœur

Éternelle.

Graal

Je me sens plus fort de la savoir avec moi,

Plus qu'un soutien, un réconfort, ma foi est là.

Un pilier intemporel pour que l'homme croît

Une main et un cœur même dans l'ombre

se voient.

Je voudrais garder cela jusqu'au dernier temps

De cette danse, de cette ronde, pourquoi ?

Parce qu'elles apportent mélodies et rythmes,

impatients,

De recréer une symphonie, demain c'est ça !

Un idéal plus qu'une idée, phénoménal,

Me pousse et m'aspire à l'approche du canal,

Ce courant mystérieux, ce channeling spatial,

Qui peut rendre si heureux qu'il en devient Graal.

Le Poète

Le poète est un constant explorateur

De la vie, de l'amour, par lui-même,

Au travers de l'existence elle-même.

Le poète est triste et il est heureux

Pendant un temps il existe et puis adieu.

La vie est une piste qui vient des cieux.

Le poète est un chercheur d'étoiles et d'Êtres

De lunes bleues non-encore découvertes

D'émotions d'allégresse, terres sans guerres.

Le poète est rêveur, libre et penseur,

Un idéaliste quand il parle avec cœur

Joies, couleurs, émotions et sagesse sont chœurs.

Le poète, c'est que je pense de moi

Tant de lettres, tant de mots qui sont en moi,

Posés en alexandrins ils chantent en voies.

Le poète est un auteur, un compositeur,

Exacerbés sont tous ses sens, vifs créateurs,

Quand il les interprète aux vents du bonheur.

Le poète, c'est tout simplement un être

Qui met sa sensibilité dans les lettres

En rythmes, enlacés, saccadés, et maîtres.

Belle entropie

La vie, prise dans des courants alternatifs

Ne pense qu'aux contacts suivants, en continu,

Le magnétisme n'étant plus assez actif

La masse et la gravitation passent en flux.

Alors vient le spleen, étrange et inattendu,

Quelque chose nous ronge nos bosons, tout cru,

L'énergie côtoie l'entropie dans l'expansif

Trouver un point initial devient l'Absolu.

Au cœur de l'univers le verbe est-il connu ?

Ne fut-il lui-même qu'un verbe transitif

Qui aujourd'hui encore nous laisse confus ?

Je cherche au-delà de toutes idées reçues

Le meilleur équilibre, les bons points de vue,

Dans ce monde ou dans un autre

Très perceptifs

Très intuitifs.

La vie est une aventure

Je me suis levé aujourd'hui

Comme je m'étais levé hier

Tous les jours je me répète

D'une nouvelle manière

Tous les jours je remodèle

Une nouvelle matière.

La vie est une aventure

Aux multiples recettes

Certaines ont des assiettes

Et d'autres,

Ont découvert.

Sur quoi gravite-t-on ?

Encore des ratures sur des mots imprécis

Des pensées en pâture

Des pensées, des soucis,

Des fleurs pourtant jolies

Quand le cœur sait les inclure.

Dans un bruit sans fond

Comment trouver l'interaction

Dans chaque dimension

Libérer l'émotion, source d'informations

Compagne des photons.

Atome ou électron

Mon noyau n'est que vie

Du géant au petit

Equations, alchimie,

Pourquoi pas un O.V.N.1 ?

Sur quoi gravite-t-on ?

Une Âme en temps

Insondable mesure que nous donne le temps

Caressant les blessures, les douleurs d'avant,

Quel est donc cette aventure, fruit du néant,

Ce goût d'amertume qui nous dit

« Au suivant » ?

Regardant la nature bien peu je comprends

De la nomenclature, de tous ces instants

Qui, posés en peinture sur toile d'argent

Nous servent de pâtures

Nous donnent de l'élan.

Cette vie semble m'exclure et puis elle se fend

Seule l'âme perdure, poésie du temps.

La Terre est une fleur

Mouvements cycliques

Matières cosmiques

Réfractions optiques

Sommes-nous uniques ?

Univers expansif

Être humain expansif

Être humain penseur et pensif

Univers penseur et pensif ?

Univers n'a pas de compteur

Univers fait battre ton cœur

Être humain a un compteur

La terre a un compte tours

La terre, oasis de vie, d'amour

Être humain ne pas le voir toujours.

La Terre, notre maison, notre mère,

Notre plus belle fleur.

Le Temps, qu'est-il ?

Le temps, vient-il ?

Le temps, passe-t-il ?

Le temps, qu'est-il ?

Temps gagné et temps perdu

Temps passé et temps vécu

Temps présent inattendu

Temps futur envisagé.

Le temps, espace mesurable indéfiniment,

Le temps, immuable indéfiniment,

Le temps, horloge quantique du vivant,

Le temps,

Silence rayonnant de Vie en Vies

A plein temps.

Une seconde éternelle

Une seconde éternelle

Un pas après l'autre

Et puis un arrêt

Une réflexion que je note

Avant d'oublier.

Mon regard se lève

Inspiré par le vent

Souffle divin de l'âme

Qui appelle son étant

Une seconde éternelle

Gravée dans l'espace-temps.

Une sourire rayonnant

Sur des lèvres charnelles

Je me blottis un instant

Pour savourer ce présent.

Le soleil continu sa course

Et la terre pivotant

Fait couler les sources

Et aussi notre temps.

Les oiseaux observent

Un silence d'anges

Ainsi le jour s'achève

Et la nuit recommence.

Les étoiles apparaissent

Immense tableau vivant

Nourrissant bien des rêves

Et des rêveurs cherchant.

Mes lettres sont mes couleurs

Et mon support est ma toile

J'aime à foison m'y coucher

C'est un nid fait de duvet

Qui tend vers les étoiles

Les pensées d'un pur bonheur.

Le chant des oiseaux

Le chant des oiseaux

Les senteurs de l'automne

Le bruit qui coule des eaux

Mes pas plus ou moins monotones

Un chemin de terre

Quelques pierres et cailloux

L'éther de l'atmosphère

Des rêves et du flou

Des couleurs de partout

Le ciel est gris de colère

Le soleil juste derrière

Me parle encore de vous.

Souvenirs

Quand c'est plus fort que vous

Soit vous avez un problème

(Dans ce cas une thérapie pourrait vous aider ☺)

Soit vous êtes peut-être amoureux(se)

(Surtout pour les narcissiques ☺)

Pour les malchanceux ce sont peut-être les deux.

Implorez alors votre zénithude

Recevez ainsi votre zénitude.

Champagne

Je veux garder mon calme

Et aussi mon vouloir pacifiste

Je n'ai pas besoin de liste

Pour élever mon âme.

Je vais continuer

A étudier le vrai

A employer aimer

De l'abstrait au concret.

Le travail est mon présent

Que je sois entier ou en moitié

Et tout ce que je gagne

C'est que je l'ai mérité.

Je ne partirai pas en campagne

Pour détruire le blessé

Je ne sabre pas le champagne

Par contre je le crée.

Un futur à créer

Je sens le vent souffler entre les doigts de mes mains

Je repartirai bientôt, le cœur et l'esprit sereins

Eveillé de mon âme, un amour certain,

Oublier toutes ces larmes, elles auront fini leur

chemin.

Cette voie n'ayant aucune marge

Qui est unique et sans emprise

De constellations s'est humblement éprise,

Une illumination, un destin,

Une singulière énergie qui me grise,

Une vraie intuition d'humain

Comme une révélation exquise

J'apprends tout de moi avec mon cœur

et ma matière grise.

Les nuits, par foi, me mettent à genoux

Et mon cœur battant ne fait que se relire

Car la raison n'est pas tout.

La vie et moi montons aux astres

Et les étoiles embrassent mes joues

Alors la beauté du présent monde

Se dévoile de quintessence, joyaux et courroux.

De tout cela naît une étreinte

De tout ceci nous sommes nous.

Une symphonie, un tableau, l'œuvre du maître,

Quand de mes songes, sublimes rêves,

Je crée un futur de bonté et d'amour.

Tes yeux magnifiques

Je me souviens souvent

De tous ces beaux moments

Ces jours de soleil

Sous les tropiques,

Tu étais là

Un peu rebelle

Et toujours fantastique.

Je caressais ta peau

Je sentais ton souffle chaud

Et le goût de tes lèvres

Sur ma peau authentique

J'aimais faire le grand saut

Dans tes yeux magnifiques.

Je me souviens toujours

De tous ces mots d'amour

La lune toujours pleine

Éclairait tes contours

Tu étais là

Simplement belle,

Idéale idyllique,

Je t'embrassais les joues

Je caressais ton cou

La douceur de ton cœur

Me rendait romantique

J'aimais faire le grand saut

Dans tes yeux magnifiques.

Je me souviens encore

Du parfum de ton corps

Ton âme et ses merveilles

Cet Amour Olympique

Tu étais là

Sublime citadelle,

Muraille pacifique,

Je t'écrivais des mots

Des poèmes sans repos

Tu inspirais ma vie

De ta présence unique

J'aimais faire le grand saut

Dans tes yeux magnifiques.

Te souviens-tu de moi

De mes élans vaillants

De mes efforts aimants

De cet Amour plus grand ?

J'étais pour toi

Un singulier artiste

Parfois rocker, parfois surréaliste,

Tu me susurrais de belles esquisses

J'étais ton gâteau

Tu étais ma surprise

Nous étions ensemble

Pour que l'amour existe

Nous faisions de grands sauts

Dans nos yeux magnifiques.

L'élixir de l'excellence

L'élixir de l'excellence est de sublime transcendance

Une vérité que j'ai vécue, que j'ai conquise

C'est de l'amour joyeux pour le cœur et l'esprit

C'est l'atome premier dont jaillit la vie.

L'élixir de l'excellence est éclosion, gloire de la

naissance

Une vérité qui tous les jours grandie

De chaque battement, pulsations inouïes,

De neutrinos champions et de tachyons en transe.

L'élixir de l'excellence, une nourriture infinie

Une vérité compagne des Sciences

Une révélation, une âme « i »,

Elle coule d'une source en gouttes de pluie,

Elle crée la conscience, elle irrigue le « Chi ».

L'élixir de l'excellence, instant présent, itinérance,

Une vérité qu'à chaque pas l'on construit

De pierres bleues, de pierres blanches,

Sous un soleil, zénith jour et nuit.

Conscience et foi

Le ciel est couvert, quelques gouttes sont tombées

Sur mes papiers d'aquarelle aux blancs secrets.

Quelques traces humides resteront ainsi

Imprégnées dans les fibres tressées de la vie.

Mon encre d'échine se délie avec l'eau

Eclaircissant mes lignes, levant tout véto,

Comme la nébuleuse du Sombréro

Une lumière divine vient et j'éclos.

Des lettres complètes deviennent des ruisseaux

Courant dans leur quête vers l'océan nouveau

Que cherche tout poète assoiffé de mots.

Allons ! Soyons maintenant tous de la fête

Conscience et foi règneront toujours en maîtres

Pour qui veut connaître des secrets de bon aloi.

Devinette

Mon crayon transmet mon Inspiration

Ma mine s'extrait de mon Cœur

Mon tracé est ma Lumière

Ma signature est syndérèse plus qu'extase.

Qui suis-je ?

Hauts sommets

Les pensées qui m'accompagnent,

Esquisses et fleurs,

N'ont ni drapeau ni pagne

La nudité s'effleure,

Face à une montagne

Je comprends sa hauteur,

Les sentiments se gagnent

Hauts sommets des vainqueurs.

A Cappella

L'écriture est mon refuge

Mes pensées s'y couchent avec amour

Même si une souffrance y demeure

L'écriture est mon vermifuge.

Guérir suffisamment des maux qui sont miens

Pour partir pleinement, ailleurs j'y serai bien,

Comme un artiste devant sa toile

J'écris mes couleurs pour en faire mes voiles

Et attendre le souffle régénérateur

Cet inspir mystérieux et révélateur.

Mes poumons alimentent mon cœur

Mon esprit pris de doutes veut gagner ces douleurs.

Quelques deniers de bonheur suffiront pour

atteindre mes rêves,

A cela rien d'impossible car j'ai peu de besoins.

Un lieu naturel, un paysage tranquille,

Une simple maison et un bout de jardin.

J'y cultiverai ma nourriture en compagnie de mon

chien

Et continuer mon aventure comme tout autre

humain.

D'accepter je m'efforce cette vie personnelle

Tracer ma route et poursuivre mon chemin

Et au bout de cet itinéraire, enfin,

Je renaitrai sans aucune peine ni aucun chagrin.

M'adapter au futur monde à la force de mes mains

Exister pour moi-même, en pas certains,

De force et d'énergie il faut que je m'entoure

Et je gratifie le courage des êtres qui de l'espoir

m'insufflent.

J'aimerais à mon tour vous aider à résoudre

Les insondables épines, abysses et gouffres,

Elever le regard vers un ciel toujours bleu

Et que le soleil sans attendre, dans nos cœurs

s'engouffrent.

Difficile décision que de partir vers Compostelle

Appuyé sur un bâton, puisque l'on m'a coupé

les ailes,

Souhaitant que mon corps supporte ce voyage

Certainement le dernier pour un sublime ouvrage

Autrefois commencé sans en connaitre la saison

Aujourd'hui la fin de l'été annonce la moisson.

D'une sereine éternité et non pas d'une question

Une réponse inaliénée, ma liberté est aussi

ma passion.

Et puisque de ce « Tout » je ne suis qu'échantillon

Je voudrais me combiner à une cellule d'horizon

Où l'azur aux sommets de volcans éteints

Bercera mon regard et la paix pour toujours.

Toujours avec toi.

J'assemble des lettres

J'assemble des mots

Pour toi je m'inquiète

Ce n'est jamais de trop.

Tu rassembles mes lettres

Tu m'enlèves les maux

Pour moi tu t'inquiètes

On s'aime et c'est beau.

Je fais des mémos

J'écris à tue-tête

Retrouver la fête

Nuit et jour à nouveau.

Ä deux j'aime être

Toi et moi bon boulot

Être pour renaître

Et faire un grand saut.

Le Poète, le Scientifique et le Philosophe

Le poète est-il scientifique ?

Le poète est-il philosophe ?

Le scientifique est-il poète ?

Le scientifique est-il philosophe ?

Le philosophe est-il scientifique ?

Le philosophe est-il poète ?

Le Philosophe, le Scientifique et le Poète

Trois voies qui éveillent nos têtes.

QUAND

Quand dans ton esprit tu n'as plus d'espace

Range tout dans ton Cœur

Tu verras

Il est IMMENSE.

Et si malgré tout

Celui-ci s'épanche

Garde à l'esprit que ton « Être »

Est plus GRAND.

A bientôt...

Garaic

Collection « Les carnets du poète ».

Une création

Jean-Pierre Garaic

France

Autres titres

- Les carnets du poète « Cœur et Raison »

- Apprendre de l'amour c''est quoi pour vous ?

- La dépression c'est quoi Papa ?

Venez découvrir et écouter

« Garaic in Live »

Sur le site de L'Ecrivain du sud

Lecrivaindusud.com

Table des matières

Donne-moi la main

- Unique

- Graal

- Le poète

- Belle entropie

- La vie est une aventure

- Sur quoi gravite-t-on ?

- Une âme en temps

- La Terre est une fleur

- Le temps, qu'est-il ?

- Une seconde éternelle

- Le chant des oiseaux

- Souvenirs

- Champagne

- Un futur à créer

- Tes yeux magnifiques

- L'élixir de l'excellence

- Conscience et foi

- Devinette

- Hauts sommets

- A Cappella

- Toujours avec toi

- Le Poète, le scientifique et le philosophe

- QUAND

France

Garaic Editions

Maître Façonnier

83100 Toulon , France

Imprimerie Lulu Press, Inc.

3101, Hillsborough Street, Raleigh, NC 27607

United States

Dépôt Légal BNF juin 2017

DLE-20170703-39773

IEAN : 9791090647251

ISBN : 979-10-90647-25-1

www.ingramcontent.com/pod-product-compliance
Lightning Source LLC
Chambersburg PA
CBHW070832100426
42813CB00003B/593